Klaus Bahners

Die fremdsprachendidaktische Konzeption der Monatszeitschrift ECOUTE

Analysiert anhand der zweisprachigen Vokabelerklärungen

GRIN Verlag

Bibliografische Information der Deutschen Nationalbibliothek:

Die Deutsche Bibliothek verzeichnet diese Publikation in der Deutschen National-
bibliografie; detaillierte bibliografische Daten sind im Internet über http://dnb.d-
nb.de/ abrufbar.

Impressum:

Copyright © 2014 GRIN Verlag GmbH
Druck und Bindung: Books on Demand GmbH, Norderstedt Germany
ISBN: 978-3-656-66094-1

Dieses Buch bei GRIN:

http://www.grin.com/de/e-book/273954/die-fremdsprachendidaktische-konzeption-
der-monatszeitschrift-ecoute

Die fremdsprachendidaktische Konzeption der Monatszeitschrift ECOUTE[1] - analysiert anhand der zweisprachigen Vokabelerklärungen

Klaus Bahners
Düsseldorf
2014

Meinen Enkelkindern Anna, Leni, Luca, Julius und Sara
gewidmet

Zur Einführung in die Thematik

Als Fremdsprachenlehrer[2] ist man permanent mit der Frage konfrontiert, welche unbekannten Vokabeln zu erklären sind, um den Schülern die rezeptiven (lesen und hören) und die produktiven (sprechen und schreiben) Fertigkeiten (das Übersetzen soll hier entfallen) zu vermitteln. Dies gilt für alle Klassenstufen – vom Anfangsunterricht bis zum Abitur[3]. Dies gilt für alle Arten und Formen fremdsprachiger Äußerungen: von der Einführung eines Lehrbuchtextes über das Hören von Chansons bis zur Lektüre von Molière, Diderot, Flaubert oder Camus. In der Regel erfolgen die Erklärungen des unbekannten Sprach- und Sachmaterials in der Fremdsprache; als *ultima ratio* ist der Rückgriff auf die Muttersprache erlaubt, sinnvoll oder auch notwendig[4].

Umfang und Art der Erklärungen hängen natürlich nicht nur vom Schwierigkeitsgrad des Textes ab, sondern auch – wohl sehr stark! – von der persönlichen Erfahrung des Lehrers, von der Einschätzung seiner Lerngruppe usw. Auf objektive, wissenschaftliche Kriterien kann hier nicht zurückgegriffen werden. Der eine Lehrer wird eher mehr, der andere weniger erläutern, erklären oder übersetzen. Außer Acht soll hier das bundesrepublikanische Bildungsgefälle von Süden nach Norden und von Osten nach Westen bleiben.

Die für die Verbreitung der französischen Sprache im deutschsprachigen Raum sehr verdienstvolle Zeitschrift ECOUTE[5] bietet eine Fülle selbst verfasster Texte unterschiedlichen Niveaus[6] aus allen Lebensbereichen, die den schulischen Sach- und Sprachunterricht auf vielfältige Weise ergänzen und erweitern, aber eben auch zur häuslichen Eigenlektüre anleiten[7]. Das entsprechende Bildmaterial hat nicht primär dekorativen, sondern motivierenden Charakter und unterstützt das Textverständnis bzw. rundet es ab.

Grundsätzlich werden die Texte in ECOUTE ohne didaktischen Apparat angeboten: Es gibt also z.B. keine Fragen zum Text, keine Arbeitsaufträge, kein Zusatzmaterial[8]. Die Zeitschrift beschränkt sich im wesentlichen auf eine zweisprachige – also französisch-deutsche – Vokabelübersetzung. In der Regel werden – wie üblich – bei den französischen Substantiven der Texte das Genus und bei den Adjektiven die feminine Form (außer bei „convoité", S. 23) angegeben; im Einzelfall leistet man auch durch den Rückgriff auf die internationale Lautschrift Hilfen für die Aussprache. Die zahlreichen Texte unterschiedlicher Länge stehen inhaltlich unverbunden nebeneinander und bilden so eine bunte Palette mit reichhaltigen, sachlich ausgewogenen Informationen zum Thema Frankreich und die Franzosen – im weitesten Sinn des Wortes. Ausgabeübergreifend scheint nur die Fortsetzungsgeschichte „Cyrano assassiné"[9] zu sein. Ansonsten steht jede (Monats-) Ausgabe für sich: Das heißt, dass es in der Regel keine sachlichen und sprachlichen Querverweise und Rückgriffe gibt, und zwar weder auf Texte derselben Ausgabe noch auf Texte früherer Ausgaben. Das hat den Vorteil, dass jeder Text sich selbst genügt und für sich selbst gelesen werden kann. Das hat andererseits den – in der Praxis jedoch geringen ! – Nachteil, dass innerhalb einer Monatsausgabe eine Vokabel durchaus dreimal erklärt werden kann[10], wie noch zu zeigen sein wird. Sehr positiv ist die Tatsache zu bewerten, dass beim Lay-out grundsätzlich darauf geachtet wird, dass alle Vokabeln eines bestimmten Textes/Textauszuges immer auf derselben Seite aufgelistet werden wie der Text selbst. Dass auf diese Weise Lehrer dazu animiert bzw. verleitet werden, mal schnell die eine oder andere Seite der – in etwa – im DIN-A-4-Format erscheinenden Zeitschrift zu kopieren, soll nicht verschwiegen werden; schließlich war auch der Verfasser einmal Französischlehrer....

Die handelsüblichen Lehrbücher der französischen Sprache für den schulischen Unterricht hatten und haben es leicht: Ihre Verfasser brauchen nicht abzuwägen, welche Vokabel sie erklären sollen: Sie erklären schlicht und einfach alle Vokabeln, die in der Sekundarstufe I von Band I bis Band III oder IV neu eingeführt werden. Gegebenenfalls arbeiten sie mit Querverweisen[11] oder legen ein alphabetisches Register an, das im Laufe der Lernfortschritte für den Schüler so etwas wie ein erstes kleines Wörterbuch wird oder zumindest werden kann – zum Nachschlagen oder/und auch für das Vokabellernen. Die Verfasser der ECOUTE-Texte dagegen müssen nicht nur überlegen und entscheiden, welche Vokabel sie übersetzen bzw. erklären, sondern auch, wie dies zu geschehen hat. Soll man die allgemeine „Bedeutung" des Wortes angeben oder / und die kontextbezogene „Meinung"?[12]

Auf etymologische Hinweise (so interessant und reizvoll sie auch für Philologen wären!) verzichtet ECOUTE völlig, denn die Zahl der Schüler in Sekundarstufe II, die zugleich (noch) Latein und Französisch lernen, dürfte gering sein. Wichtiger scheint mir zu sein, dass es für die Verfasser von ECOUTE selbstverständlich ist, nicht nur die Semantik der aus dem Kontext entnommenen Vokabel für die deutschsprachigen Schüler zu (er-)klären, sondern auch ihre syntaktische Einbettung, die in der Regel durch eine nachfolgende Präposition geleistet wird (z.B. „s'approcher de", S. 29, „s'étendre à", S. 47) und ohne die eine sinnvolle und sprachlich richtige Textproduktion unmöglich ist. Um dem Schüler das Auffinden der übersetzten Vokabel zu erleichtern, sind diese alle im Text unterstrichen[13], so dass der Schüler bereits beim ersten Lesen, wenn er will, den Blick vom Text zur Vokabelliste lenken kann, die sich ja – wie oben erläutert – immer auf derselben Seite befindet. Wie gehen nun die Verfasser mit dem französischen Sprachmaterial in ihren Übersetzungen vor? Wie steht es um Kollokationen und Konnotationen, wie um idiomatische Wendungen, proverbiale Ausdrücke und Metaphern, wie um Paraphrasen und Periphrasen? Gibt es über die eigentliche Übersetzung hinausgehende sachliche Erläuterungen, die zum Textverständnis hilfreich oder gar notwendig sind oder auch zur vertieften Recherche und zum Selbststudium anregen?

Exemplarische Analyse der Vokabelübersetzungen ins Deutsche

Im folgenden sollen nun aus der Vielzahl der im ECOUTE-Heft 04/2014 übersetzten bzw. erläuterten Vokabeln (und auf der Basis der meisten Texte[14]) exemplarisch die-jenigen herausgegriffen und kommentiert werden, die mir für diesen Zweck als sinnvoll erscheinen. Dabei muss man die Relationen wahren: Unter den Hunderten der deutschen Vokabeln dieser Ausgabe gibt es einen Bruchteil, über den man diskutieren und anderer Auffassung als der jeweilige Verfasser sein kann. Vielleicht gelingt es mir auf diese Weise, zukünftig zu der einen oder anderen Verbesserung beizutragen, denn es sei noch einmal betont: ECOUTE nimmt eine eminent wichtige sprachliche und – was den deutsch-französischen „Dialog" betrifft – kommunikative Funktion wahr. Und diese ist zu fördern! Aber wer fördert, der fordert zumeist auch!

Eine bewährte Methode der Kontrolle von Vokabelangaben ist die Rückübersetzung. Dies habe ich in der Regel bei Einführungen in die Arbeit mit dem Wörterbuch am

Anfang der Oberstufe anhand der die Schüler bewusst provozierenden These „Ein Wörterbuch kann man nur benutzen, wenn man die Sprache kann", erläutert. Natürlich haben die Schüler dann immer wie folgt reagiert: „Wenn ich die Sprache kann, brauche ich kein Wörterbuch (mehr)."

Wenn ich z.B. „l'envers du décor" mit „die Kehrseite der Medaille" (S.9) übersetze und dann den umgekehrten Weg gehe, finde ich im zweisprachigen Wörterbuch „l'envers de la médaille". - Wenn ich feststelle, dass die Jagd heute kein Privileg des Adels mehr ist, kann ich natürlich von „se démocratiser" (S.11) sprechen und bleibe dabei auf derselben Ebene: Der Adel ist nicht mehr unter sich, das Bürgertum ist mit von der Partie (assoziativ denkt man an diese und weitere Errungenschaften der bzw. seit der Französischen Revolution). Wenn ich aber „se démocratiser" durch „ein Breitensport werden" (S.11) übersetze, bewege ich mich auf einer ganz anderen Konnotationsebene (und ob ich, außerdem, sachlich richtig liege, lassen wir mal dahin gestellt sein, denn es wird ja wohl noch einen Unterschied geben zwischen Tennis, Fußball usw. als Breitensport und der Jagd). - Wie ist es mit „surnommer" / „nennen" (S.13): Steckt da nicht (auch) der „Beiname" drin? - Wenn „séduire" (S.13) „begeistern" ist, geht die Primärbedeutung „verführen, verlocken, verleiten" verloren. - Sucht der Schüler den französischen Begriff für die „Region", so findet er sicherlich „la région", aber wohl kaum „le terroir" (S.13). Mit „terroir" assoziiert der Franzose so etwas wie „Heimat", „Scholle", „Ursprung"; das ist sicherlich etwas weniger Objektives, Rationales als der Verwaltungsterminus „région". - Natürlich ist „distinguer" (S.14) auch „erkennen", aber ein unterscheidendes Erkennen. Denn für „erkennen" hat der Schüler primär „(re-)connaître" gelernt.

Dieses für ECOUTE typische Verfahren lässt sich in Nr. 04/2014 an rund 40 Beispielen zeigen. Da wird „l'empreinte" als „Spur" (S.14) übersetzt, ist primär aber „Prägung", „Abdruck". Der Schüler fragt sich vielleicht, warum der Verfasser dann nicht direkt „la trace" genommen hat, wenn er „die Spur" meint. - Lassen wir „prouver" als „zeigen" (S.15) stehen, aber an „accueillir" als „Nährboden sein für..." (S.17) kommen wir nicht kommentarlos vorbei, denn „accueillir" ist zuerst einmal „aufnehmen", „empfangen": „La Rochelle accueille...les idées calvinistes."(S.17) Nach der deutschen Übersetzung kommen aber die kalvinistischen Ideen nicht von außen nach La Rochelle – wie „accueillir" erwarten lässt -, sondern entstehen dort und verbreiten sich von La Rochelle aus: eine unzulässige Uminterpretation durch die missglückte deutsche Vokabel!

Ein kurzer Text fordert den Leser auf (S.21): „Embarquez pour les îles de Ré, d'Aix ou d'Oléron." Warum dazu die Übersetzung „an Bord gehen von" angeboten wird, ist nicht ganz klar. - Wenn man von Leuten spricht „qui se débarrassent de leurs vieilles collections" (S.22), so wollen sie sich wohl davon trennen, befreien; sie wollen sie sich „vom Hals schaffen". Dagegen wirkt die Übersetzung „weggeben" recht blass. Korrigiert wird dies an der Stelle, wo jemand seinen Erpresser „loswerden" will (S. 65): „Puis, un soir, M va suivre J pour se débarrasser de son maître chanteur...". - Man kann natürlich Kunden in drei Kategorien „einteilen" („se répartir en", S. 23); sie können sich auch auf drei Kategorien „verteilen". Diese Übersetzung erleichtert dem Schüler das Verständnis für die syntaktische Einordnung des Verbs und seiner nachfolgenden Präposition „en". Bei „angehören" (S.23) als angebotene Übersetzung fällt ihm die aktive Verwendung schwerer, weil er wohl an „einer Sache angehören" denkt (eventuell an „appartenir à"). - Unbestritten ist „consacré,e" (S.25) auch „geweiht". Hier würde man aber besser von „gewidmet" sprechen, zumal es an einer

5

späteren Textstelle (S.25, 1. Spalte, 4. Zeile von unten) heißt: „Ce jour [gemeint ist der Sonntag] ... doit être consacré à la famille." - Ich gebe zu, dass aus dem Kontext erkennbar ist, dass „le repos hebdomadaire" (S.25) der „Ruhetag" ist, ohne dass im Deutschen zwingend das Adjektiv „wöchentlich" hinzukommt.

In „Dans la même optique" (S.25) darf man „même" durchaus mit „derselbe" übersetzen (hier: „unter diesem Gesichtspunkt", S.25). - „Le salarié" ist jeder Besoldete, jeder Lohnempfänger, nicht nur der „Angestellte" (S.25). - Vielleicht ist es angebracht, „l'action judiciaire" (S.25) mit „die Klage" (S.25) zu übersetzen; das schließt nicht aus, dass dem Schüler „la plainte" für „Klage" bekannt ist. - Gelegentlich muss man auch auf die Angemessenheit der deutschen Sprache achten, und zwar unabhängig vom französischen Text: „Sinn machen" (S.25) ist spätestens seit Schlicks „Der Dativ ist dem Genitiv sein Tod" als mot-à-mot-Übersetzung aus dem Englischen anrüchig. Bei dem zugrunde liegenden „avoir lieu d'être" (S.25) hat man außerdem durchaus die Möglichkeit, textnäher die Übersetzung „eine Daseinsberechtigung haben" anzubieten.

Warum „la région parisienne" (S.25) sehr vage mit „das Einzugsgebiet von Paris" übersetzt wird, weiß ich nicht. Die „régions" sind verwaltungsrechtliche Termini und Institutionen – hier ist konkret die Ile-de-France gemeint. - Nur am Rande sei erwähnt, dass auf S.26 das Genus von „aménagement" angegeben wird, von „ameublement" jedoch nicht. - Für die Geschäftsinhaber, die für den verkaufsoffenen Sonntag plädieren, stellt die sonntägliche Arbeit „un enjeu économique majeur" (S.26) dar. Natürlich hat dieser Tag eine große „Bedeutung" (S.26) für sie, aber genau genommen ist „l'enjeu" der Einsatz bei einem Spiel. - Eine Interviewpartnerin deutet als Architektin die Folgen ihrer sonntäglichen Berufstätigkeit so an: „Je mettais ma vie sociale entre parenthèses" (S.27). Warum soll man nicht als Übersetzung „ausklammern" (S.27) vorschlagen? Vielleicht deshalb, weil „mettre entre parenthèses" zuerst einmal „einklammern", „in Klammern setzen" bedeutet.

Der Schüler soll im gegebenen Kontext „l'avènement" (S.28) durchaus als „Beginn" (S.28) verstehen dürfen. Nur wird er sich vielleicht fragen, wie sich „l'avènement" von „le début" oder „le commencement" unterscheidet. - Ein grammatischer Hinweis wäre wohl bei „sans pareille" (S.28) notwendig gewesen: „ohnegleichen" bezieht sich im französischen Kontext auf das feminine Substantiv „légitimité". Dieser Mangel wird auf S.47 bei „un coup d'oeil sans pareil" korrigiert. - Die Vorstellung, mit schwarzer Tinte eine Seite vollzuschreiben, bildet wohl den Hintergrund für die Übersetzung „vollschreiben" („noircir", S.29). - Wenn jemand eine „Reputation" hat, ist er sicherlich bekannt (S.29). Aber wann verwende ich in Abgrenzung zu „réputé,e" (S.29) das Wort „connu", fragt sich der Schüler. - „Féroce" (S. 29) hier mit „hart" zu übersetzen, ist nicht illegitim, auch wenn mir für die deutsche Vokabel „hart" spontan zuerst „dur" und für „wild" „féroce" und „sauvage" einfallen.

Eine Lieblingsvokabel der ECOUTE-Autoren scheint „désormais" zu sein. Auf S.30 wird sie mit „derzeit" übersetzt, später (S.31,S.32,S.47) jeweils ausschließlich mit „jetzt" (das die Schüler als „maintenant" kennen!). Ich denke, dass dadurch die genaue Bedeutung „von jetzt ab", „zukünftig" tendenziell verloren geht. – „Größer werden" für „s'accélérer" (S.30) mag hier sinnvoll sein, aber genau genommen geht es darum „schneller" zu werden. – Aus Sportreportagen dürfte den Schülern der Wortstamm von „pénaliser" (hier „pénalisant,e", S.31) bekannt sein. Aber der Strafcharakter geht semantisch verloren, wenn man sich für die Übersetzung

„nachteilig" (S.31) entscheidet. – Will man sich das Leben leicht machen, kann man „le point de départ" (S.32), also den „Ausgangspunkt", auf Deutsch durch „Beginn" (S.32) ersetzen, aber das reichert nur das Vokabelheft mit einem weiteren „Beginn" (s.o. „l'avènement", S.28) an, bringt dem Schüler aber keine Differenzierungsmöglichkeit. – Einen mir bisher unbekannten deutschen Neologismus gibt es für „l'adjectif numéral ordinal" (S.34), nämlich „das Ordinalzahladjektiv"; der Schüler sollte sich hier bescheiden und sich nur „Ordnungszahl" oder „Ordinalzahl" merken.

Zugegeben: „le placard" (S.43) ist ein „Schrank" (S.43), aber ein besonders in Frankreich verbreiteter Wandschrank. Was macht der Schüler sonst mit „armoire"? – Früh lernt er in der Schule „vendre" und „acheter", denn zumindest Letzteres braucht er häufig in Frankreich. Dabei kann er zuerst einmal auf „acquérir" („kaufen", S.43) verzichten; eine *résidence secondaire* in der Provence kann er ja später immer noch „erwerben"; und dann kann er endlich auch „acquérir" (S.43) verwenden. - „Zugegeben" für „certes" (S.47) ist nicht schlecht; und wenn ich „zwar...aber..." verwenden will, greife ich auf „certes...mais..." wie auf S. 55 zurück: Das ist ganz in Ordnung! – Für „Bewegung" (S.47) kennt der Schüler neben „le mouvement" jetzt auch „le courant" (S.47), was ja eher an eine „Strömung" erinnert.

Ob es hilfreich ist, „né,e de" (S.48) bloß mit „aus" (S.48) zu übersetzen, sei dahingestellt. Auf S. 51 findet sich ein besserer Übersetzungsvorschlag: „naître de" wird hier durch „hervorgehen aus" eingedeutscht. – Sicherlich ist es nachvollziehbar, „compréhensible" (S.49) als „nachvollziehbar" (S.49) zu verstehen; aber genau genommen erinnert „compréhensible" ja an „comprendre" und liegt daher näher an „verständlich". – Ich hatte schon lobend erwähnt, dass bei Adjektiven auch die weibliche Form angegeben wird; so auch bei „mou, molle" (S.50). Daneben wäre es aber nötig gewesen, auch auf die maskuline Form vor vokalischem Anlaut hinzuweisen („mol"). Außerdem ist die Chance vertan worden, „mou" durch „weich" zu übersetzen und damit (zumindest implizit !) auf den Kontrast zu „dur" (S. 50, Spalte 1, Zeile 9) anzuspielen, wenn auch die Übersetzung „nicht energisch genug" (S.50) den Kern der Sache („mou") trifft.

Üblicherweise werden die Wörter so, wie sie im Text stehen, für die zweisprachige Vokabelliste aufgegriffen. Bei „Les journalistes étrangers … furent … étonnés du peu de questions...." (S.50) weicht man davon ab und erläutert den Infinitiv „étonner" („überraschen"), so dass den Schülern leider nicht explizit vor Augen geführt wird, dass dem deutschen Ausdruck „erstaunt sein über..." das französische „être étonné,e de …" entspricht. – Der „verführerischste Frauenheld" ist als Staatspräsident „le président le plus séducteur" (S.51). Den Superlativ des Adjektivs „verführerisch" durch „größte" (S.51) zu ersetzen, wirkt ein wenig farblos. – Wieder erscheint ein „aus", diesmal für „issu,e de" (S.52). Auch hier geht es wie bei „naître" um ein „hervorgegangen aus". – Wenn „le berceau" (S.54) ganz emotionslos als „Herkunftsort" (S.54) bezeichnet wird, gehen – wie weiter oben bei „le terroir" – damit verbundene sentimentale Assoziationen („Wiege", „Heimat") verloren. – Frankreich kennt unterschiedliche „Busse". Um von Montparnasse Richtung Montmartre zu fahren, kann ich nicht nur die Metro, sondern eben auch „le bus" nehmen. Aber auf meiner Studienfahrt von Düsseldorf in die Provence war ich mit meinen Schülern mit „le car" (S.55) unterwegs. – Wenn ich mich für „avancer un nom" (S.56) entscheide, schwingen wohl Zweifel und Risiken bezüglich der Richtigkeit meiner Aussage mit. Ist dies auch der Fall, wenn ich diesen Ausdruck bloß durch „nennen" (S.56) übersetze? – „Bei derselben Gelegenheit" würde ich durch „par la même occasion"

(S.57) wiedergeben. Warum dann der französische Ausdruck mit „gleichzeitig" (S.57) erklärt wird, bleibt offen.

Zwischenbilanz

Neben der überwiegend großen Zahl an guten und richtigen Vokabelübersetzungen in ECOUTE gibt es gelegentliche Schwächen: Da wird zum einen ungenau übersetzt. „So wörtlich wie möglich – so frei wie nötig" sollte auch hier gelten. Zum andern flüchtet man sich beim deutschen Pendant in sehr weite semantische Felder, so dass der Schüler auf einmal vier französische Wörter für „Beginn / Anfang" kennt, ohne aber ihre Unterschiede im französischen Sprachgebrauch zu erfahren. Man könnte mit Weinrich auch sagen, dass die „Meinung" eines französischen Wortes im Deutschen oft zur „Bedeutung" wird. Um ein zugegeben extremes Beispiel (nicht aus ECOUTE) anzuführen: Wenn ich das in der Provence bekannte „mas" (das im übrigen etymologisch vom Lateinischen manere kommt und daher meinen dauerhaften (!) Verbleib meint), genau so wie „immeuble" mit „Haus" übersetze, dann bin ich nicht nur unpräzise, sondern unterliege auch einem selbst verschuldeten Frequenzirrtum: Es gibt dann keine vernünftige Relation mehr zwischen der doch sehr eingeschränkten französischen Frequenz (im Sinne von Häufigkeit im aktuellen Sprachgebrauch als gelesenes, gehörtes, geschriebenes oder gesprochenes Wort) von „mas" und dem deutschen Allerweltswort „Haus". Außerdem verblasst / verflacht durch viele deutsche Übersetzungen die hochgradig differenzierte, farbige und assoziativ angereicherte Sprache der französischen ECOUTE-Texte. Rückübersetzungen haben exemplarisch gezeigt, dass der nun einmal fremdsprachig nicht perfekte Schüler sich wohl kaum auf der Grundlage der monierten Stellen ein deutsch-französisches Lernwörterbuch anlegen sollte! Oder anders formuliert und an die Adresse des Französischlehrers gerichtet: Der Schüler darf beim Studium der Texte nicht allein gelassen werden! Selbstverständlich wird durch ECOUTE der passive Wortschatz erheblich gefördert; und der, der in der Fremdsprache denkt, profitiert ganz enorm davon. Aber in der Regel ist man als Lernender im Sekundarschulwesen noch nicht so weit!

Von der (abstrakten) Bedeutung zur (konkreten) Meinung

Die Autoren der ECOUTE-Texte sind sich insofern der Problematik der Vokabelübersetzung bewusst, als sie gelegentlich (durch den Zusatz „hier") darauf hinweisen, dass eine kontextbedingte Eindeutschung vorliegt (und man also diese konkrete, spezifische Übersetzung nicht generell verwenden darf). Sie geben in der Logik von Weinrich also nicht die „Bedeutung" des Wortes, sondern seine „Meinung" an, so z.B. bei „abriter" (S.17) als „haben" anstatt als „schützen / beherbergen". Präpositionale Ersatzformen wie „à l'égard de" (S. 28: „Elle fera de même à l'égard du nouveau roi, son plus jeune fils, Jean.") vereinfachen sie gerne, wie wir oben gesehen haben; hier übersetzen sie diesen Ausdruck mit „für" (S.28), während er genau genommen „in Bezug auf", „im Hinblick auf" bzw. „bezüglich", „hinsichtlich" heißt, was im Deutschen doch sehr hölzern klingt.

„Meinungen" sollen auch vorliegen bei „inscrit,e" (S.29) und „les fournitures" (S.29). - „La chute" (S.32) wird etwas frei mit „Tod" (S.32) übersetzt, während „cibler" (S.46) im Kontext „gerichtet sein auf" bedeuten soll. Da dieses Verb in meinen Wörterbüchern aus den 70er/80er Jahren[15] nicht enthalten ist, habe ich mich im Internet umgesehen und „prendre pour cible; définir le but ou le public qu'on veut atteindre" gefunden. Wie dies in einsprachigen Wörterbüchern üblich ist, findet man dort nicht nur die Definition des Wortes, sondern auch Synonyme, hier für „cibler": „viser", „pointer" und „positionner". – Warum man zu „l'opinion" (S.48) bei der Übersetzung „hier" angibt und dann von der „öffentlichen Meinung" spricht, weiß ich nicht, denn der Öffentlichkeitscharakter der bezeichneten Meinung ergibt sich eindeutig aus dem Kontext. Es geht um die Enthüllung der präsidialen Liebesaffäre mit Julie Gayet. War das „un choc pour l'opinion française?" (S.48). – Auch bei „être victime de" (S.51) macht sich ECOUTE die Sache einfach, indem man kurz und bündig „haben" (S.51) als konkretes Kontextverständnis suggeriert – so wird man „Opfer" seiner eigenen Strategie: 1974 war Giscard d'Estaing „Opfer" eines leichten Autounfalls („victime d'un leger accident de voiture", S. 51), aber mit von der Partie war eine ansonsten nicht in die Geschichte eingegangene Dame...

Von der Semantik zur Syntax

Nun verlassen wir kurz die Semantik und machen einen Exkurs auf das Gebiet der Syntax. Schüler muss man immer wieder darauf aufmerksam machen, dass sie nicht nur die „nackte" Vokabel lernen (negativer Selbstzweck: In Anlehnung an Weinrich könnte man sagen „Wir brauchen gar keine Wörter zu lernen. Wir sollen Sätze und Texte sprechen und schreiben können."), sondern dass sie sie auch im Kontext verwenden müssen (positives Instrumentalisieren des Vokabellernens), damit sie aktiv am Sprachprozess teilnehmen können. Der Einwand „Hier in ECOUTE geht es doch (bloß) um das Textverständnis" zählt nicht, denn das positive Beispiel ist wichtig! Also bitte „l'accès maritime" (S.14) um ein „à", „abriter" (S.15) um ein „de" („schützen vor"), „remonter" (S.16) um ein „à" und das deutsche Pendant „zurückgehen" (S.16) um ein „auf" ergänzen! - Wem fällt auf, dass „coïncider" (S.17) im Text mit „avec" ergänzt wird (also bitte „zusammenfallen mit")? - Lernt der Schüler nur „se plaindre" („sich beklagen", S.40), dann hat er nur „die halbe Miete". Unökonomisch und wenig motivierend ist es, später, quasi in einem zweiten Anlauf, die präpositionale Ergänzung „de" hinzuzulernen („sich über … beklagen"); lernökonomisch ist es, dies sofort zu tun. Und ECOUTE sollte den Schüler dazu anhalten.

So wäre abschließend noch zu empfehlen, bei „l'atteinte" (S.50) das „à" zu ergänzen. Fragen darf man auch, ob dem Schüler nicht das Verständnis erleichtert wird durch eine Brücke, die ihn beim aktiven Sprachprozess (deutsch → französisch) im Sinne einer *translatio* (vgl. das davon abgeleitete englische Wort) bzw. *traductio* (vgl. analog das französische Wort) über den Rhein führt: „l'atteinte à" hat bei der Übersetzung „Anschlag auf" eine analoge Konstruktion, die durch die Eindeutschung „Verletzung" (S.50) verloren geht. - Abschließend sei noch auf „s'extirper" („herauskommen") (S.50) hingewiesen, dem ein „de" im Sinne von „aus" folgt; und auch auf „se convaincre" (S.56) im Sinne von „sich überzeugen", das mit „de" angeschlossen wird, wenn man sich z.B. von der Großartigkeit des Schlosses von Chambord überzeugen will (S.56).

Redewendungen, Bilder und Metaphern

Idiomatische Wendungen und bildhafte Ausdrücke bereichern bekanntlich die Sprache auf der Ebene der Stilistik. Die Schüler lernen früh und dann kontinuierlich, dass man „die Bretter, die die Welt bedeuten", nicht *mot à mot* übersetzen kann. Auch wenn er die „deutsch-französische Freundschaft" als „l'amitié franco-allemande" kennt, darf er die „deutsch-polnische Grenze" nicht analog übersetzen, sondern muss sich durch „la frontière germano-polonaise" überraschen lassen. In dieser Hinsicht bietet ECOUTE in fast jedem Artikel ein umfangreiches Sprach-material an, das aber eben auch „übersetzt" bzw. erklärt werden müsste. - Für den täglichen Gebrauch mag es genügen „ronger son frein" (S.26) durch „seinen Ärger hinterschlucken" (S.26) zu übersetzen. Aber wussten Sie, dass "frein" hier das (Pferde-) Gebiss ist?

„Le cheval de bataille" (S.26) – wörtlich als Schlachtpferd oder Streitross zu übersetzen – wird hier (S.26) das „Lieblingsthema". – „Avancer une brèche" (S.27) dürfte derselben kriegerischen Thematik angehören, wird hier aber mit „eine Gelegenheit ergreifen" (S.27) angegeben. – Auch „rester à la page" (S.29) im Sinne von „auf dem laufenden sein" könnte der Schüler seinem aktiven und passiven Wortschatz einverleiben. Ob er den ECOUTE-Vorschlag („weiter mit der Zeit gehen", S.29) zusätzlich übernimmt, wäre zu empfehlen. Die im Text verborgene Anspielung (Die Papiermarke Clairefontaine „prouve qu'elle met toutes les chances de son côté pour rester … à la page" – die drei *points de suspension* stehen tatsächlich im Text und deuten hier keine Auslassung an -, S.29) auf das Papier wird sprachlich leider nicht aufgegriffen, so dass es mehr oder weniger dem Zufall überlassen bleibt, ob der Schüler die Verbindung von „page" zur Gesamtthematik des Artikels („Les Cahiers Clairefontaine") leistet; aber dafür hat er ja gegebenenfalls seinen Lehrer.

Manchmal glaubt man auch, dass es für das fremdsprachige Idiom ein ganz genaues deutsches Pendant gibt, so z.B. bei „quelqu'un n'est pas à prendre acec des pincettes" (S.40): Das wäre als jemand, den man nicht (einmal) mit der Pinzette anfassen könnte. Aber mit ihm „ist nicht gut Kirschen essen" (S.40)! – Sehr schön ist auch „accueillir les amours" (S.48). Man sieht förmlich, wie der Liebhaber seine Dame(n) empfängt (daher ist der Plural „les amours" feminin und konkret im Gegensatz zum maskulinen und abstrakten Substantiv „l'amour"!). Auch der ECOUTE-Vorschlag „als Liebesnest dienen" ist ein ansprechendes Bild, verschiebt aber den Akzent von der Tätigkeit, der Erwartung, auf den Ort bzw. „Funktionswert" des Geschehens.

Abschließend sei noch auf „se retirer sur la pointe des pieds" (S.64) hingewiesen. In diesem französischen Ausdruck spiegelt sich ein bekanntes menschliches Verhalten wider, ohne dass – wegen des fehlenden Kontextes ! – klar ist, ob es sich um einen Dieb handelt oder um die Mama, die – weil sie glaubt, der Kleine sei endlich eingeschlafen – sich leise ins Wohnzimmer zurückzieht, um doch noch etwas vom Fernsehfilm mitzubekommen. Ob „sich davonschleichen" (S.64) den Sachverhalt genau trifft? Auch eine Katze kann sich davonschleichen. Sei's drum! Seien wir nicht überpingelig! – Und – last not least – ein einfaches Beispiel dafür, wie man ganz spontan falsch liegen kann, nämlich wenn man z.B. vergisst, dass bei der Übersetzung von „Bärenhunger" (S.65) der Franzose den Bär durch den Wolf ersetzt: „une faim de loup" (S.65) – gut, dass ECOUTE uns darauf aufmerksam macht!

Periphrasen und Anspielungen

Auf Periphrasen greift man u.a. aus Gründen der Stilistik[16] zurück. In einem Porträt über Angela Merkel will man nicht dauernd den Eigennamen wiederholen. Dafür hat man ja die Möglichkeit, von der „Bundeskanzlerin", der „Regierungschefin" oder auch der „CDU-Vorsitzenden" zu sprechen. Zieht man z.b. einen Vergleich mit einem ihrer Vorgänger, so kann man dann wie folgt anschließen: „...während seine aktuelle Amtsnachfolgerin....". Auch ECOUTE bedient sich häufig dieses Verfahrens, das ja nicht nur sehr angenehm ist, sondern einen sprachlichen und zugleich sachlichen Lernfortschritt initiiert. So wird Frankreich einmal „le pays de Tartuffe" (S.3) genannt, freilich ohne jegliche Erläuterung dieser Anspielung auf Molière, an den jeder Franzose sofort denkt. – „Citroën" ist „la marque aux chevrons" (S.10), wobei auch „chevron" als „Zackenornament" (S.10) übersetzt wird. – Die Phokäer (aus Phokäa bzw. Phokaia in Kleinasien) hatten vor mehr als zweieinhalbtausend Jahren „Marseille" (S.30) gegründet, was in der Periphrase „la cité phocéenne" (S.30) zum Ausdruck kommt, aber da das Adjektiv „phocéen, ne" nicht in jedem Wörterbuch zu finden ist, wäre eine zusätzliche Erklärung durch den Textautor hilfreich gewesen. – Weit verbreitet (zumindest in Frankreich) ist der abstrakte geographische Umriss des Landes als Sechseck, so dass der Schüler eventuell schon einmal von „l'Hexagone" (S.28 und S.40) gehört hat; aber erst auf S.54 wird dazu „Frankreich" als „Übersetzung" angegeben. – Bei „les fêtes de fin d'année" (S. 25 und S. 43) verzichtet der Autor auf eine Übersetzung und verweist kurzer Hand auf „Weihnachten und Neujahr" (S.25 und S.43).

Sacherklärungen

Mit den soeben erläuterten Periphrasen gehen wir allmählich von der bloßen Übersetzung zur Sprach- und Sacherklärung über. Noch deutlicher wird dies bei folgenden Begriffen, bei denen z.T. die Notwendigkeit der Übersetzung gegenüber einer zu erwartenden Sacherklärung in den Hintergrund tritt: so etwa bei „pierre de Crazanne" (S.14-15) und bei „Beaubourg" (S.52), das ja allmählich zum Synonym für das „Centre Pompidou" geworden ist. – Kann man die Zeit der Besatzung Frankreichs durch die Deutschen 1940-1944 bei den heutigen Schülern diesseits des Rheins als bekannt voraussetzen (S.20 und S.47)? – Emile Zolas Artikel „J'accuse..." (S.23) wäre doch wohl eine Erklärung Wert gewesen. – Es ist schön, dass die Abkürzung „PUCE" (S.25) aufgelöst ist; das „P" steht für „Périmètre": Aber was ist das? – Ein sprachliches *Highlight* sind sicherlich die „homines consommandi" auf S.25. Was soll diese letztlich inexistente franco-lateinische Wortschöpfung aus lat. „consummare" und frz. „consommer"? Wenn man wenigstens eine Erklärung nachgeschoben hätte! So kann der Schüler nur kontextuell erschließen – und sollte sogleich wieder vergessen ! -, dass es sich um die „consommateurs", also die Verbraucher, handelt[17]. – Beim „Conseil d'Etat" (S.26) fehlt – um diese Liste abzuschließen – nicht nur die Übersetzung „Staatsrat" (die alleine dem Schüler auch nicht viel gebracht hätte), sondern auch die entsprechende sachliche Erklärung. – Und „was in Paris Rang und Namen hat" für das gängige „le Tout-Paris" (S.49) mag als Erklärung genügen; hier ist es wohl angebracht, auf eine Übersetzung zu verzichten.

Schlussbilanz

Was bereits als „Zwischenbilanz" konstatiert wurde, braucht hier nicht wiederholt zu werden. Da Wort und Text in unserer Untersuchung ausschließlich das gedruckte Wort und der gedruckte Text sind, lässt sich der einzelne Wortkörper graphisch (und damit orthographisch), etymologisch, phonetisch, syntaktisch und semantisch bestimmen. Bisher haben wir uns fast ausschließlich mit der Semantik beschäftigt. Aber Wörter in Texten stehen nicht isoliert da, sondern sind grammatisch eingebunden: Hier könnte ECOUTE noch das eine oder andere verbessern.

Zurück zur Semantik: Sprache bietet und leistet mehr als bloße Information; denken wir nur an die literarische Sprache im allgemeinen oder gar die poetische im besonderen! Idiomatische Wendungen, Redensarten und Metaphern wollen bei der Eindeutschung besonders beachtet werden. Dazu haben wir einigen Diskussionsstoff geliefert. Ähnliches gilt für die Periphrasen in ECOUTE, die man zwar nicht missen, aber doch durch einige Hilfestellungen angereichert sehen möchte. Die „Ewige Stadt", die „Stadt der Liebe" und das „Dritte Rom" – um letztmalig eigene Beispiele zu bringen - mag der Schüler als Rom, Paris und Moskau erkennen. Aber die Verlautbarungen des "Quai d'Orsay" und die Rede des Hausherrn im „Matignon" werden ihm auf Anhieb nichts besagen.

In der Regel verweist Sprache auf außersprachliche Wirklich- oder Möglichkeit, auf Gelebtes, Geträumtes, Gewünschtes und Gedachtes. Und da die französische Wirklichkeit (im weitesten Sinn des Wortes) als Gegenstand jeder ECOUTE-Ausgabe den Lernenden nicht im gleichen Maße vertraut ist wie dem Insider oder Fachmann, wäre die eine oder andere Sacherklärung hilfreich, denn man kann nicht davon ausgehen, dass der Schüler immer seinen Lehrer zur Seite hat. Außerdem sollte er zum selbständigen Lernen und Arbeiten angeleitet werden – aber das geht nicht ohne behutsame, gelegentlich intensive Hilfe. Ob er von sich aus bereit ist, wenn er in ECOUTE für „la cité phocéenne" die „Übersetzung" „Marseille" findet, herauszubekommen, was denn nun genau genommen „phocéen" ist und was Marseille damit zu tun hat, sei dahin gestellt.

Zurück zur sprachlichen und sachlichen Hilfe: Ich denke oft bei den zahlreichen Anspielungen, die u.a. die Tageszeitung praktiziert, hinter der sich angeblich ein „kluger Kopf versteckt", dass es gar nicht bzw. nicht nur darum geht zu verstehen, worauf angespielt wird, sondern zu merken, dass es sich überhaupt um eine Anspielung handelt[18]. Zum Erwerb der entsprechenden Fähigkeit bedarf es vieler Lesestunden, Reisen, Studien und Erfahrungen. Hierzu eine noch größere Hilfestellung zu geben, das wäre eine verdienstvolle Aufgabe für ECOUTE.

Weitere Veröffentlichungen des Autors im GRIN-Verlag (Auswahl):

Une heure avec Suzanne Prou. Conférence à l'Institut français de Cologne, 2004.

Suzanne Prou: Die Schöne ("Le Pré aux narcisses"). Zeitgenössische Frauenliteratur Frankreichs, 2010.

Schule im Rückspiegel. Aufsatzsammlung, 2010 (darin: Schule und Recht / Facharbeiten in der gymnasialen Oberstufe / Beratung in der gymnasialen Oberstufe / Aspekte des Fremdsprachenunterrichts am Beispiel des Französischen / Albert Camus, „La Crise de l'homme". Darstellung und Interpretation / Hitlers Ermächtigungsgesetz. Verfassungsrechtliche und verfahrenstechnische Aspekte / Zur Interpretation von Ambivalenzen. Vergleich eines Sachtextes mit einem literarischen Text aus der Zeit des III. Reiches)

Das linksrheinische Düsseldorf in Geschichte und Gegenwart. Aufsatzsammlung, 2011.

Charles Baudelaire, „A une Passante" – Analysen und Materialien, 2012.

Arthur Rimbaud, „Aube" – Analysen und Materialien, 2012.

---

[1] Zur besseren Lesbarkeit wird in dieser Arbeit der Titel *écoute* immer mit Majuskeln geschrieben.

[2] Die grammatische Form des Maskulin umfasst bei „Lehrer", „Schüler", „Verfasser", „Autor" usw. beide natürlichen Geschlechter. „Fremdsprachenlehrer" bezieht sich hier primär auf die sogenannten lebenden Fremdsprachen.

[3] Vor der Zeit des Zentralabiturs, als noch die Fachlehrer die Texte, den Aufgabenapparat und den Erwartungshorizont bei der Schulbehörde einzureichen hatten, musste man darauf achten, dass nicht zu viele Vokabeln angegeben wurden; sonst ging man das Risiko der Ablehnung des Textes und der Aufgabe durch den zuständigen Oberschulrat ein.

[4] In den in der Reihe „Diesterwegs Neusprachliche Bibliothek" erschienenen Textausgaben der Erzählungen / Kurzromane „La Dépêche" und „Le Pré aux narcisses" von Suzanne Prou habe ich durchweg einsprachige Erklärungen abgegeben; gelegentlich ist die deutsche Übersetzung hinzugefügt worden. Da, wo es mir notwendig erschien, habe ich auf einsprachige Erklärungen verzichtet und nur das deutsche Pendant angegeben, wie z.B. bei le paon (der Pfau), le fourneau (der Pfeifenkopf) und le faufil (der Heftfaden) in „La Dépêche". Ähnlich bin ich bei den Dossiers „Individuum und Gesellschaft". Auszüge aus Diderots Erzählungen (…)" bei Diesterweg (1973) und „Grande ville et vie professionnelle" bei Bagel (1978) verfahren.

[5] Der Verfasser hat sie selbst fast 20 Jahre im Abonnement bezogen und mit ihr gearbeitet.

[6] jeweils gekennzeichnet durch „leicht", „mittel" bzw. „schwer".

[7] Der Verfasser war während seiner Lehrtätigkeit nur mit G9 konfrontiert und überlässt anderen das Urteil bzgl. der außerschulischen Möglichkeiten im System G8.

[8] Zu der in Anm. 4 erwähnten Reihe „Diesterwegs Neusprachliche Bibliothek" gab es fast immer Lehrerhefte und zumeist zeitlich parallel dazu einen Grundsatzaufsatz in den „Neueren Sprachen".

[9] Zur Zitierweise: Da es sich hier in dieser Arbeit ausschließlich um das 70 Seiten umfassende Heft 04/2014 von ECOUTE handelt, werden weder Verfasser noch Titel angegeben, sondern ausschließlich die Seitenzahl; hier also S. 64-65.

[10] Bei der Herausgabe der beiden oben genannten narrativen Texte von Suzanne Prou als Schulausgabe für den deutschsprachigen Raum musste ich streng darauf achten, eine Vokabel grundsätzlich nur bei ihrem erstmaligen Vorkommen im Text zu übersetzen bzw. zu erläutern. Davon bin ich bewusst (zumindest) einmal abgewichen, und zwar bei der Vokabel „la pièce montée" in „Le Pré aux narcisses", S. 83 und S. 92. Dort liest man: „Ma mère … parla menus, chapons et pièces montées." In der bei Hoffmann und Campe 1984 erschienenen Erstausgabe der Übersetzung unter dem Titel „Die Schöne" heißt diese Textstelle: „Mutter … redete über Menüs, über Kapaune und wie die Zimmer umgeräumt werden sollten." (S.123). Das zweite Zitat lautet: „Je vis arriver la pièce montée couronnée d'un couple de mariés lilliputiens,…". In der deutschen Ausgabe findet man dazu: „Die ganze Szene, gekrönt von einem Liliput-Hochzeitspaar, kam auf mich zu,…" (S. 136). Offensichtlich kannte die Übersetzerin „la pièce montée" nicht als feststehenden Ausdruck für ein „grand ouvrage de pâtisserie et de confiserie", sondern trennte die sich kontextuell bedingenden beiden Wörter „pièce" und „montée", „profitierte" dabei von ihrer jeweiligen semantischen Weite (siehe weiter unten meine Ausführungen zum Begriff „Bedeutung") und interpretierte sie so, wie es ihr aus dem Sinnzusammenhang möglich, naheliegend oder richtig erschien.

[11] z.B. „Siehe Bd. II, S. 95.

[12] Damit erinnere ich an das Beispiel und die Begrifflichkeit von Harald Weinrich in seiner „Linguistik der Lüge", Heidelberg: Lambert Schneider 1966, S. 15 ff., der feststellt, dass eine zwischen zwei Gesprächspartnern existierende einsprachige „Kommunikation", die ausschließlich aus dem gesprochenen und gehörten Wort „Feuer" besteht, nichts besagt, denn die „Bedeutung" dieses Wortes ist weit gespannt, vage und abstrakt. Im Rahmen eines Satzes oder Textes wird in der Regel klar, was mit „Feuer" gemeint ist: Steht man – um ein eigenes Beispiel zu geben - vor einem brennenden Haus oder sind wir Zeuge einer Liebeserklärung, bei der der Jüngling – die rechte Hand zum Herz führend – vor der Angebeteten kniet? Im Kontext ist „Feuer" als „Meinung" eng umgrenzt, präzise und konkret. „Man sieht jedenfalls, wie der Kontext aus der Bedeutung eines Wortes seine Meinung macht" (ebd., S.24). Das führt Weinrich in einem weiteren Schritt zu der radikalen These, dass im zweisprachigen Prozess Wörter wie „Feuer", „rue" und „car" nicht übersetzbar seien. „Kein Wort ist übersetzbar. Aber wir brauchen auch gar keine Wörter zu übersetzen. Wir sollen Sätze und Texte übersetzen" (ebd., S. 25). Scheitert damit die zweisprachige Vokabelübersetzung bzw. –erklärung?

[13] Mit Ausnahme von „ prescrire", „cours de conduite", „stage", „résident", „commande", „émission", „diffuser" und „copain" auf S. 37.

[14] Ich wende etwa 85% des gesamten Textumfangs dieser ECOUTE-Ausgabe zugrunde gelegt.

[15] Langenscheidt / DFC / Petit Robert. Es ist jedoch enthalten im von Cornelsen vertriebenen Larousse von 2000.

[16] In dieser Arbeit umfasst der Begriff „Stilistik" ggfs. auch den der „Rhetorik".

[17] Genau genommen dürfte die ECOUTE-Wortschöpfung – geht man am **semantisch** vor – sich nicht auf lat. „consummare" beziehen, sondern auf „consumere". Vgl. zu „Konsumstreben" und „Verbraucher" Christian Helfer, Lexicon auxiliare. Ein deutsch-lateinisches Wörterbuch, Saarbrücken 1985. Dort S. 245 „Konsumstreben": „res consumendi cupido"; S. 426 „Verbraucher": u.a. „consumens, consumentis"; „consumptor, consumptoris". Vgl. zu dem anscheinend von ECOUTE gedachten **etymologischen** Bezug zu „consummare" das berühmte Zitat „consummatum est" aus dem Johannes-Evangelium, später von Camus in den Schlusssatz seines „Etranger" wieder aufgegriffen: „Pour que tout soit consommé, …".

[18] In ECOUTE wird ihm dies insofern noch erleichtert, als er – z.B. bei der Periphrase für „Marseille" – ja geradezu darauf hingewiesen wird, dass es sich um eine Anspielung handelt. Mein Hinweis bezieht sich auf die viel häufigeren Fälle, bei denen das nicht der Fall ist. – Ist nun der Titel „Linguistik der Düfte" („Wie riecht die gelbe Sonne?") von Wolfgang Krischke in der FAZ von heute, dem 14.05.2014, eine Anspielung auf Weinrichs „Linguistik der Lüge"? Im Zeitungstext selbst gibt es keine (weder offene noch latente) Hinweise, die eine eindeutig positive Antwort auf diese Frage nahelegen, auch wenn man in Bezug auf den Titel von einer Identität in der Oberflächenstruktur („Linguistik" als artikelloses Substantiv im Singular; „der" als Genitiv Singular [fem.] bzw. Plural [masc.]; zwei Substantive im Genitiv), einer semantischen Teilidentität („Linguistik") und einer phonetischen Identität im Bereich der sechs Vokale sprechen kann. Wenn man dann textextern recherchiert und feststellt, dass Wolfgang Krischke Lehrbeauftragter für Sprachwissenschaft ist, dann geht man wohl besser von einer bewussten Anspielung aus: Harald Weinrich lässt grüßen.